Tigres

Claire Archer

ABDO
GRANDES FELINOS
Kids

Visit us at www.abdopublishing.com

Published by Abdo Kids, a division of ABDO, P.O. Box 398166, Minneapolis, Minnesota 55439.

Copyright © 2015 by Abdo Consulting Group, Inc. International copyrights reserved in all countries. No part of this book may be reproduced in any form without written permission from the publisher.

Printed in the United States of America, North Mankato, Minnesota.

072014

092014

 THIS BOOK CONTAINS RECYCLED MATERIALS

Spanish Translators: Maria Reyes-Wrede, Maria Puchol

Photo Credits: Shutterstock, Thinkstock

Production Contributors: Teddy Borth, Jennie Forsberg, Grace Hansen

Design Contributors: Dorothy Toth, Renée LaViolette, Laura Rask

Library of Congress Control Number: 2014938820

Cataloging-in-Publication Data

Archer, Claire.

[Tigers. Spanish]

Tigres / Claire Archer.

    p. cm. -- (Grandes felinos)

ISBN 978-1-62970-300-8 (lib. bdg.)

Includes bibliographical references and index.

1. Tigers--Juvenile literature.   2. Spanish language materials--Juvenile literature.

I. Title.

599.756--dc23

                2014938820

Contenido

Tigres

Los tigres viven por toda Asia. El tigre de Bengala es el más común. Vive en la India.

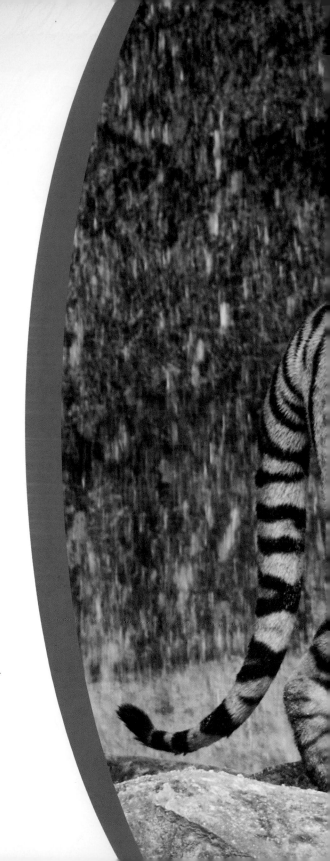

Los tigres viven en muchos **hábitats** diferentes. Viven en pantanos, **pastizales** y **bosques tropicales**.

Los tigres tienen pelaje anaranjado, denso y con rayas oscuras. Tienen la panza blanca.

8

Las rayas de los tigres son como nuestras huellas digitales. No hay dos tigres que tengan las rayas iguales.

Los tigres son grandes felinos.

Los grandes felinos son los

únicos gatos que pueden rugir.

13

El tigre es el mayor de los felinos. ¡Puede pesar más de 650 libras (296 Kg)!

Alimentación

Los tigres son carnívoros.

Comen animales como venados,

antílopes y búfalos de agua.

Felinos solitarios

Los tigres pasan la mayoría
de sus vidas solos. Los tigres
también cazan solos.

Crías de tigres

Las hembras pueden tener
de dos a tres crías a la vez.
Las crías de tigres se llaman
cachorros.

20

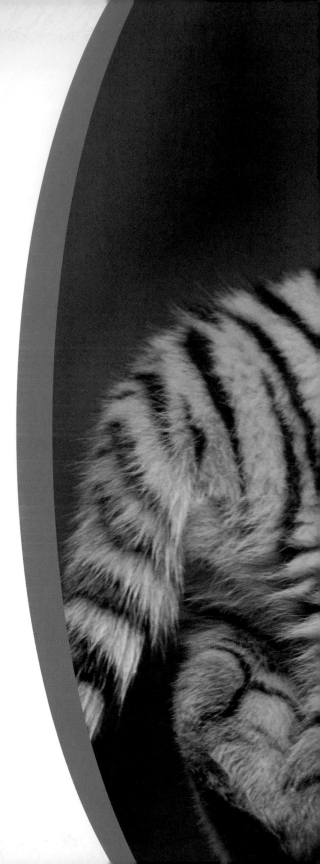

Más datos

- Los tigres son excelentes nadadores. Pueden nadar varias millas sin parar.

- Los **cachorros** se quedan con su madre alrededor de dos años.

- Los tigres viven de 10 a 15 años en su ambiente natural. En cautiverio pueden vivir hasta 20 años.

- Hay más tigres en cautiverio en los Estados Unidos que en libertad en el resto del mundo.

Glosario

bosque tropical – zona de muchos árboles y mucha lluvia.

cachorro – un animal joven.

hábitat – lugar donde los seres vivos se encuentran de forma natural.

pastizal – zona de mucho pasto, sin árboles o con árboles pequeños.

Índice

abdokids.com

¡Usa este código para entrar a abdokids.com y tener acceso a juegos, arte, videos y mucho más!

Código Abdo Kids:
BTK0069